AF346215

Isabelle Gimbault

L'arabesque du temps

Recueil de poèmes

L'art ne fait que des vers, le cœur seul est poète.

André Chénier

Escapades

Les mois poétiques

Il serait appréciable au cœur de ma raison
De saisir humblement le souffle du poète,
Son élan onirique à travers les saisons
S'épanchant dans la joie ou parfois dans la plainte.

Un émoi poétique échappé de son cœur,
Qui bat d'un ton lyrique en explorant le monde,
Et qui verse parfois l'encre de sa douleur
Dans le cours de la vie aux tournures fécondes.

Ainsi la poésie se distille aisément
Telle une ode émanée de l'émoi poétique,
Et s'inspire toujours des confins de l'instant,
Épopée de ses maux avec des mots épiques.

Instants d'enfance

Un air perdu à travers l'horizon,
À travers champs, au-delà des prés qui chantent,
Tel un souffle d'insouciance.

Une musique qui frémit, goutte à goutte,
Une pluie de soleil sous le ciel bleu de mai.

Tous les insectes au diapason rappellent
Les rires et les jeux de l'allègre jeunesse.
Un cliquetis, un fond sonore et tendre,
Et tous les sons alors s'entremêlent
À l'unisson,
Quand dans les jours heureux de notre enfance
Nous étions libres d'aimer la clef des champs.

La clef des champs

Viens avec moi, prenons la clef des champs,
Allons courir sous les cieux embaumés,
Allons chanter le retour du printemps
Qui frémit et reluit dans l'aube clairsemée.

Viens avec moi, prenons la clef des champs,
Allons saisir la paix au détour des chemins,
Accueillir l'insouciance au-delà du matin,
Et partons rencontrer nos amies parfumées.

Sous la frêle Aubépine, Églantiers et Cytises
Vibrent au gré du vent de l'aube évanouie.
Les larmes de la nuit glissent sur les corolles,
Perles de cristal bleu de la rosée qui luit.

Les Baguenaudiers et la Brize amourette,
Étreignent les fleurettes valsant en ondulant
Aux tiges agitées par la brise muette
Sous la fraîche ramée au serein bruissement.

Viens avec moi, prenons la clef des champs,
Allons flâner sous les cieux embaumés,
Allons chanter la beauté du printemps
Et cueillir en passant l'ode de l'amitié.

Poésie botanique

J'aime mon cahier vert où l'épine-vinette
Vient orner le vélin de ses feuilles étroites,
Un cahier où le vent transporte, nonchalant,
Des parfums vaporeux de rose et de violette,
De mousse et de lilas,
Quand le Trèfle incarnat appelle le poète
Dans les herbes puériles qui poussent vers l'azur
L'aisselle de leurs feuilles où la rosée scintille.
Des limbes découpés et de toutes natures
Enrichissent l'écrin de formes aériennes
Posées sur le papier jauni des fils du temps,
En camaïeux de verts assourdis aux plus tendres.
Écrasée par les ans, l'Achillée Millefeuille,
Au parfum prononcé, aux pétales infinis,
Cueillie près des sentiers, au début de l'été,
Côtoie toute une flore endormie et parée
De fleurs, de Boutons d'or, d'Anémones Sylvie,
De tant de graminées, de diverses Ancolies,
D'une fraîcheur fanée et immortalisée
Pour l'amour de la science et de la poésie.

La Coronille

Dans l'ombre endimanchée, parsemée de diamant,
Où nait, en promenant, le long de la charmille,
Le désir de flâner et d'aller en rêvant
Tout au bout de l'allée, trouver la Coronille.

La papilionacée dormant sous la chênaie,
Au nom de poésie, aux pétales jaunis,
Soupire et s'épanouit au détour des sentiers
Et exhale parfois un parfum adouci.

La grande Coronille, amie de la forêt,
Vibre dans l'air tiédi et parsème le jour
D'un éclat délicat aux fragrances diaprées.

À l'appel du couchant, les songes des nuages
Et les souffles dorés dérobent aux feuillages
Cette ombre endimanchée parsemée de diamants.

Sensations

Sens-tu le vent en toi s'immiscer et souffler
Aux abords de ton être et caresser ta peau,
L'entends-tu évoquer les soupirs du repos
Qui t'attend dans le creux de l'herbe au doux reflet.

Sens-tu l'odeur suave et la fraîcheur de l'eau
Qui flattent l'odorat et songent à te troubler,
Ces parfums inondant le calme à peine éclos
Des matins qui sourient dans la verte rosée.

Vois-tu, près des saulaies, l'étendue délaissée
Où se mire, indolent, un soleil mordoré ;
Confonds-tu ton regard dans le miroir de l'onde,
Qui espère, amoureux, ton corps dans l'eau profonde.

Soirs d'avril

Il est des soirs d'avril, exaltant la lumière,
Quand l'air se fait flatteur et s'inspire du temps
Pour offrir un parfum, l'ébauche du printemps,
Qui se mêle à nos sens, humeur primesautière.

Les souffles cadencés de la brise légère
Caresse avec douceur l'âme d'un cœur d'enfant,
D'un subtil mouvement, dépeint le chatoiement
Des rêves harmonieux aux faveurs éphémères.

En ce mois attiédi, embaumé de mystères,
L'esprit tout alangui, dans un apaisement,
S'offre à ces soirs d'avril exaltant la lumière.

Soir de Mai

Mon âme attend le soir, quand la lune sourit
Et me parle souvent
Des souvenirs heureux qu'elle a su éclairer
De ses rayons d'argent.
Elle évoque en silence la couleur du bonheur.
Elle berce la nuit,
Profonde et douce.
Elle se mêle aux parfums vaporeux,
Aux effluves de mousse, d'herbe foulée,
De terre, de lilas et de fleurs capiteuses
Et pourtant invisibles.

Cet univers nocturne des temps sereins et chauds,
Aux fraîches sensations et vibrantes tiédeurs,
Évoque avec puissance l'essence de l'amour
Qui cadence la vie, les journées et les nuits
Des prémices d'été, des prémices enivrantes.

Le soir...

Le soir, quand les grands arbres aux sombres
frondaisons
Offrent une ombre profonde au-dessus de l'ondée,
Par-delà le sol frais et les rosiers thé,
En l'époque estivale aux crépuscules bleus,
Aux instants empourprés d'un couchant alangui,
Quand, dans l'air embaumé de nectar et de mousse
Et de terre mouillée,
Le soir couleur d'espoir a des langueurs ardentes,
Aux sons de bêtes glauques aux effets métalliques,
Des concerts de rainettes et d'un monde aquatique,
Quand la lune sereine embrasse ces étreintes
De ses rayons d'argent et d'opale pudique.

Les saules pleurent en silence, agités par le vent,
Léger et rafraîchi, porteur de doux murmures
Et d'effluves champêtres.

L'aube claire

Quand tu sauras l'aimer, bercé par l'aube claire,
Au creux de l'herbe mauve, aux senteurs de rosée,
Les yeux dans les étoiles, amies de l'empyrée,
Dans ces faibles lueurs, déclinant au jour pâle,
À l'heure où le murmure des brises matinales
Exhale au point du jour tous vos désirs froissés.
Et deux cœurs enlacés, frissonnants de bonheur,
Troublés par les arpèges d'un ramage entêtant
Qui s'élève en aubade, auprès de deux amants,
Désireux de s'aimer, mais semblant s'adonner
À l'amour éphémère et léger comme l'air.

Le mois de Marie

Nous irons en chemin cueillir des fleurs des champs,
En respirant, Marie, l'air doux d'un mai radieux
Et pour t'offrir, Marie, tous nos élans d'enfant
Et chanter le printemps qui nous parle de Dieu.

Nous partirons, heureux, et toujours en chantant
Je vous salue Marie, toi la Reine des Cieux.
L'azur évoquera ton habit éclatant
Et le soleil vibrant la puissance de Dieu.

Et des brassées glanées dans les champs et les prés
Embaumeront l'église où nous irons prier
Dans la fraîcheur du lieu, quand l'astre est au zénith.

Nous t'offrirons, Marie, l'amour de nos dix ans
Notre ingénuité - qui quelquefois nous quitte -
Pour chanter avec toi, Marie, tout simplement.

Neige de chaleur

Des flocons cotonneux tourbillonnent dans l'air
Du matin ondoyant des fins de mai radieux,
— Une valse lactée qui se meut sous les cieux —
Et se posent, légers, sur l'eau ensommeillée.

Sur l'étang nonchalant, les semis se rassemblent,
Tombés des peupliers frémissants comme l'onde,
En un tapis moelleux givré et tout semblable
Aux neiges étourdies des journées d'autre monde.

Tout le long du chemin où le soleil s'amuse
S'endorment et s'amoncèlent ces douceurs vaporeuses.
Et le temps suspendu en cette heure insoumise
Dans l'aimante clarté, soupire de langueur.

Juin

Aujourd'hui l'air est doux et le soleil radieux,
L'herbe folle et le blé ondulent sous le vent
Léger et embaumé qui me parle souvent,
En murmures étouffés des couleurs de tes yeux.

L'empyrée alangui trône sur la nature,
Évoque alors ton cœur que je connais si peu.
Sous le ciel sans nuées, je fais un songe heureux :
Une vie avec toi aux couleurs de l'azur.

Le concert des oiseaux cachés sous la ramée,
Les bruits sourds du printemps qui s'unit à l'été,
Dans l'après-midi vert et bleu comme tes yeux,
Cette vie éclatante appelle ton absence.

Chaque aspect de ce monde me fait penser à toi,
Ton être, ton regard, ta présence éphémère,
Et cette herbe si verte ondoyante et légère
M'appelle en invoquant ton âme loin de moi.

Tout me parle de toi qui animes ces lieux,
Silencieux et vibrants, dans le jour vert et bleu
Comme mes sentiments et comme tes grands yeux.

Escapades

Quand les rayons vermeils d'un soleil alangui
Touchent l'âme du temps dans l'été qui paresse
Et que le vent serein m'étreint et me caresse,
Je me plais à muser par les prés esseulés,
aux herbages flétris, aux pâles graminées.
Une ode de couleurs, l'éclat des fleurs de champs,
Une œuvre célébrant ces végétaux imbus,
De corolles dorées, de teintes chatoyantes.
Dans le soir mordoré qui sans fin se repose
Qui s'étire, s'étend, jusqu'à l'instant béni
Où l'ombre rafraîchit les bosquets et les bois
D'un souffle qui exhale le foin et l'herbe folle,
Je continue ma voie pour atteindre mon rêve,
Retrouver cet appel vers l'horizon en feu
Qui rejoint les couleurs installées dans mon cœur.
Dans l'espace et le temps, dans les airs et les cieux
Dans la tiédeur des prés, dans les champs qui ondoient,
Dans le ciel habillé de clartés rougeoyantes,
Dans le vent chaleureux, les souffles éphémères,
Au détour des chemins poussiéreux qui m'entraînent
Vers l'astre fatigué murmurant à la brise
Des secrets douloureux que je ne peux atteindre.

L'aube bleue

Aimé des jardins frais, épris de la ramée,
Un récital s'annonce en prémices éparses,
Un ramage diffus de l'aurore échappée,
L'appel exubérant des matins pleins d'espoir.

L'insondable aube bleue, nimbée de verts joyaux
Et d'un voile ivoirin, infléchi et fugace,
Quand la rosée frissonne et perle en gouttes d'eau,
Qui scintille et chatoie sur les limbes tenaces.

Aurore, promesse de jeunesse et d'amour,
Dans les ombres bleutées, secrètes et confuses,
Qui filtrent la beauté et sitôt la diffuse.

C'est l'aubade ignorée de l'homme qui sommeille,
Qui a perdu le goût de ce qui émerveille,
Et s'ennuie et s'enfuit dans un monde sans rêve.

Éclat de crépuscule

L'horizon embrasé d'un pourpre étincelant,
Se teinte peu à peu de couleurs chatoyantes
Et se pare de feu et de sang flamboyant
Dans l'horizon brûlé par des flammes ardentes.

La lumière du jour décline ses effets,
L'empyrée mordoré s'imprègne de reflets.
Des touches roses d'or, parsemées de diamants
Effleurent les lueurs argentées du couchant.

Le maître aux tons radieux a perdu sa splendeur,
Seul un voile blafard s'étend sur ses espaces,
Mêlant nuages blancs et divine pâleur.
Il disparait soudain. Toute clarté s'efface.

Le crépuscule sombre en gaie mélancolie,
Les ombres se dissolvent en ténèbres plus denses,
La nuit est presque là et las sont les esprits,
Le firmament s'emplit de lune et d'espérance.

L'écume de la nuit

Ô nuit ! Écume noire, ébène lancinante,
Parmi l'humidité qui transporte et répand
Les fragrances fanées, émanées des étangs,
La musique onirique de l'ombre pénétrante.

Une brume échappée des lointains vaporeux
Se meut en frissonnant dans l'âme et dans la chair,
Dans l'éparse tiédeur de l'encre ancrée dans l'air,
La mélodie de l'heure et du temps malheureux.

Souvent la nuit sans fond appelle à l'évasion,
Quand les lueurs d'argent, animées par la lune,
En touches clairsemées, s'étirent.

Le temps suspend son cours, les alentours se figent,
L'éternité se noue, près des lacs, à la brune,
Et le monde s'endort.

Volubilis

Volubile énamourée à la floraison gracile,
Offrant ses vrilles enlacées, tiges arrondies et fragiles.
Le point du jour salue ces fées toutes nimbées de
rosée,
Union de clarté parsemée et d'hyalines gouttes
claires,
Baignant ces formes assoupies de sage poudre de
lumière.
Indolent épanouissement des corolles déployées,
Louant la légèreté et la beauté simple des fleurs,
Inclinant leurs feuilles en cœur, enclines aux
rêveries d'été,
Sensibles et délicates, pendues aux grilles des
bonheurs.

Brise d'été

C'est le léger soupir, le souffle de l'été,
La brise immaculée qui, dans le vert feuillage,
Imprime un mouvement et loue tous les ramages,
La fraîcheur échappée d'un sous-bois enchanté.

C'est l'eau claire et limpide, en clapotis timides,
Qui murmure souvent des refrains sibyllins.
En échos mélodieux, les zéphyrs incertains
Épousent mollement tous les frissons candides.

C'est le charme élancé vers les cieux désirés,
Le temps paisible et bon, la nature honorée ;
C'est la joie de pouvoir se mêler en rêvant
À ces lieux verdoyants et blancs comme le vent.

Ondée d'été

Ondée d'été, ode fugace
Au satin clair de l'aube éparse.
Sitôt posées sur chaque fleur,
S'évapore dans l'air tenace,
Les perles bleues teintent le temps
Et délavent le voile blanc
Qui se dilue dans l'atmosphère.
Ondée d'été, source fugace,
Eau dévêtue du jour tenace,
Onde vêtue de l'arc-en-ciel
Drapée de notes de soleil.
Rêve d'été, songe fugace,
Ode brodée de voiles bleus
Évanescente liberté
Qui dans l'air chaste s'entrelace.

La maison aux volets bleus

La maison aux volets bleus
Qui chante avec le vent,
Avec le vent des jours dorés
Au goût de miel et de lichen.
C'est un lieu au parfum d'enfance,
Où des sons lointains, estompés,
Doucement se répandent
Et se mêlent à ceux, cadencés,
De l'horloge dans le séjour.

La brise toujours
Qui frappe à la porte,
Un coq qui chante au loin,
Des fenêtres qui s'entrechoquent.

La maison aux volets bleus
A les couleurs des jours d'antan.
Des œillets sur le buffet,
Des brises et des cheveux d'ange.
Un endroit au cœur de l'ombre,
Avec, toujours en été,
Le soleil qui vient flâner
Dans la glycine animée,
Au feuillage dense et soutenu,
Aux fleurs d'un printemps passé.

Et le chat près des rosiers,
Habités par tant de songes,
Rêveur, au fond de sa vie,
Dans ses vieux jours qui somnolent.

La maison aux volets bleus,
Emplie de sérénité,
Dans le vent qui chante et danse,
Empreinte de mélancolie
Et d'un bonheur désuet,
A le parfum de l'enfance,
La nostalgie du temps jadis.

Ode du soir

Le rouge-gorge va, dans la ramée du soir,
Entonner un concert pour la lune naissante.
Le bruissement léger des feuilles qui vont choir
S'accorde avec douceur aux notes caressantes.

Le zéphyr embaumé, à l'accent mélodique,
Effleure la feuillée des peupliers d'argent.
Le jardin est bercé par l'air mélancolique
Que l'âme du poète emprisonne et comprend.

La musique flûtée dénote des prouesses
Que l'humble musicien se complait à offrir
Au berceau de la nuit, notes enchanteresses,
Jusqu'à l'instant gracieux où les ombres soupirent.

Et, sur la haute branche, toute lustrée d'argent,
Sous les reflets de l'astre au présage lilial,
Le petit passereau cesse son madrigal,
S'abandonnant alors au mutisme du vent.

Une moire de pluie

L'empyrée s'est paré d'opalines nuances,
Quand le soleil discret déploie tant de douceurs,
Qui, sur l'onde éthérée, goûtent leur inconstance,
Dans l'aube se mouvant en subtiles couleurs.

Sur la table esseulée, dans l'heure délicate,
Une nappe de pluie, déposée par la nuit,
Tendue, telle une moire à l'éclat disparate,
Réfléchit l'aquarelle esquissée sans nul bruit

Par un peintre ingénieux inspiré pour nous plaire
En offrant à nos yeux tant de beauté sublime
Ébauchant dans les nues et la clarté sommaire
L'aquarelle du temps dans le ciel qui s'anime.

Se reflétant ainsi dans ce miroir intime,
Étendu, silencieux, dans un éclat jaspé,
Telle une laque claire, éclats d'eau qui s'abîme,
L'œuvre se meut alors tel un tissu drapé.

Dans le jardin

Dans le jardin mélancolique
Que l'été ne veut plus quitter
L'automne éclaire la relique
Des buissons pâles, étiolés.

Dans le jardin abandonné
Le soleil darde de fils d'or
Le cœur de septembre asséché,
Altérant l'éclat des asters.

Dans le jardin mélancolique
La chaleur accable les fleurs
Et, tel un peintre fantastique,
Écrase au couteau les couleurs

Et laisse des bribes d'herbage
Abandonnées dans le décor
Désenchanté et qui s'endort
Sans un souffle et sans un ramage.

Un bouquet ingénu

Voici, pour s'enivrer de senteurs cristallines,
Un bouquet parfumé à l'air qui reverdit.
Un cadeau odorant aux accents d'herbe claire,
Exhalé et offert par l'effluve miellé,
Des fleurs évanouies d'un tilleul éphémère,
Que la brise gracile emporte dans le temps.
L'odeur éclaboussée des feuillages froissés,
Des prés étincelants à la douceur limpide,
Un bouquet ingénu, opulent et timide
Cueillie avec candeur par des mains enfantines.

Le port de Sanary

J'ai arpenté les bords de Méditerranée
J'ai tant aimé songer dans ce lieu langoureux
Au début de l'automne, quand le temps est radieux,
J'ai goûté l'air marin dans le matin léger.

La mer vient soupirer au bord de ton sourire,
Et s'endort sur le flanc du port si coloré.
Contemplant l'horizon inondé de clarté.
Le port de Sanary, alangui, nous inspire.

J'ai arpenté les bords de Méditerranée
Et j'ai laissé mon cœur accroché sur les quais
Quand la lueur du jour inonde nos désirs
Le port de Sanary, assoupi, nous inspire.

Échappée automnale

Je vais par les chemins boueux et endeuillés,
Je m'enfuis, car vois-tu,
Je préfère l'automne aux éparses couleurs
Que le terne profil de tes lasses habitudes.
Je m'en remets au vent, si clair et transparent,
Altier et vigoureux, bravant les frondaisons,
Quand il ploie et se rue sous la nue à foison.
Au zéphyr automnal, parfois venu du Nord,
Parfois tiède et narquois, aux doux échos sonores,
Je me livre avec joie.

Je vais par les chemins, oublieuse de tout,
Et surtout de ta voix, de toute ta personne,
Qui déjà s'est pâmée au fond de ma mémoire,
Heureuse loin de toi.
Et je fonds dans les airs qui me portent et m'appellent.

Automne

Automne, automne, que me-veux-tu ?
Ton vent soulève les feuilles,
Tes pleurs font souffrir le ciel,
Perdu, perdu et sans nul but.

Le pourpre éclatant, rayonnant
Dans la nature qui gémit,
Valse avec les tons jaunis
Des saules malheureux et mourants.

Automne, tristesse, quand fuiras-tu ?
Loin d'ici et de mon cœur,
Emportant tant de malheurs,
Ailleurs, ailleurs, loin, sans nul but.

Mistral

Quand le Mistral balaie nos soupirs et nos peines
Qu'il sèche les trottoirs et fouette les pins,
Qu'il s'insurge, furieux, toujours sans perdre
haleine,
La Méditerranée se lamente sans fin.

L'azur accueille alors un soleil onirique
Et se fond comme une encre éthérée de printemps
Dans la mer qui déploie l'arabesque du temps
Et songe avec puissance à l'écume lyrique.

Et l'embrun ivre et blanc s'échoue sur les rochers,
Sur le sable grossier où le vent va grincer,
Soufflant sans se lasser, rugissant de colère.
La vague, immense et libre, exulte, argentée, fière.

Le regard confondu dans ces vastes couleurs,
Tout empli de lumière et de beauté féconde,
Plonge dans les clartés à l'humeur vagabonde,
Clameurs évanescentes, invincibles lueurs.

J'aime ce goût amer d'une journée d'hiver
Dans le souffle du vent au parfum de la mer,
Quand l'air céruléen se lie avec la nue
Laissant s'éparpiller ses humeurs impromptues.

La ronde des passereaux

L'air opalin s'emplit peu à peu de flocons
Qui valsent, virevoltent, sous le ciel blanc d'automne.
Alors, les passereaux piquetant et piaillant,
Picorent en s'agitant, quelquefois furibonds,
Tous les fruits desséchés par les gelées atones.

Tantôt dans la mangeoire, à l'esquisse bardée
D'écorces de sapin, tantôt sur la terrasse
Où vont, en voltigeant, des grains éparpillés,
Les mésanges volettent et bravent les bourrasques.

Mésange bleue d'azur, aux plumes de soleil,
Et Mésanges noires, chétives et grisâtres,
Mésange charbonnière, animée et farouche,
Hardie Mésange huppée, toujours prête à se battre.

Chardonnerets coquets formant des multitudes,
Verdiers, Serins, Tarins, piaillant, sur le qui-vive,
Pinsons errants et ronds, picorant sans fatigue,
Sittelles élancées dans le vent qui dérive.

Défiant tous les temps, les petits passereaux
Sans cesse virevoltent et dérobent les grains
Des Soleils disparus, souvenir d'un été
Enfoui dans la mémoire des jardins et des prés.

Février

Février éclairé de lumières laiteuses
Hésite quelquefois entre joie et soupirs.
Il impose ses lois, ses matinées frileuses
Et des après-midi invoquant les zéphyrs.

Février est pressé de bousculer froidures,
Opalines vapeurs, et les bises acerbes,
Qui triomphent souvent des brillantes parures
De l'astre du Midi éclatant ou laiteux.

Dans les jours doucereux des hivers de Provence
Ou dans les jours frileux où s'enlise la bise.

La mer

Elle s'étire sous le ciel
Le ciel qui est bleu comme elle,
La mer.

> La mer vole la lumière,
> Les vagues sous le soleil,
> Le blanc soleil qui éveille
> La mer.
> La mer qui danse est si fière.

> La mer écume de mystères
> A des reflets parfois amers
> La mer.

La mer au miroir de nacre créée
Dans la vague qui emporte
Les couleurs de l'arc-en-ciel,
La mer
La mer qui gémit est cruelle.

Réminiscences

L'ange me conduit

Les cloches des troupeaux tintent dans l'air serein
Quand juin laisse échapper ses humeurs cristallines
Dans le matin léger qui caresse l'airain
De l'aubade d'été aux brises enfantines.
Je ne suis qu'une enfant, l'ange me tient la main,
Le chemin nous conduit vers les jardins d'antan,
La pureté de l'air pare l'instant léger.
Dans les vapeurs bleutées, mon âme se dilate
Édifiante douceur de se savoir aimée.

Et mon cœur est si pur que je côtoie le ciel
Et ma vie teintera d'une saveur vermeille
L'ange est auprès de moi, il me conduit vers Toi
En silence il s'en va vers l'amour qui m'appelle.

Ange, ce mot si doux résonne comme un baume
Qui soulage mes maux de candeurs volubiles
Mais rappelle des jours perdus dans le tréfonds
Des moments ingénus qui ne reviendront pas.

L'amandier

Te souviens-tu du temps où le temps s'amusait
Et ne semblait jamais finir ou te vieillir.
Tu riais et dansais et parfois tu pleurais
Et tu rêvais souvent, esquissant des sourires.
Longtemps, dans ces années, tes songes te portaient
Au cœur de ton enfance et alors tu grimpais,
Dans les douces saisons du sud de la Provence,
Sur la branche amène d'un puissant amandier.
Bercée furtivement par l'accueillant feuillu,
Le regard vers le ciel parfois céruléen,
Parfois enluminé par des couchants d'automne,
Tu croyais en l'amour. De toute ta personne
Émanaient chastement des délices confus,
Des bonheurs infinis, des univers heureux,
Que tu appréhendais. Et ton corps capricieux
Épousait le soleil qui se jouait des feuilles,
Et qui dans la ramée filtrait en gouttes d'or
Se posant sur ta peau, comme autant de diamants,
Caressant tes pensées et l'âme de l'instant.
Bel amandier si fier qui t'appréciait toujours,
Dans ses bras t'enlaçait et que tu aimais tant,
Pourras-tu un beau jour revivre ces années
Et croiser un instant ces chimères oubliées.

Le carrousel d'antan

Les chevaux de bois valsant,
En vêtements d'apparat,
Ont daigné me laisser place
Dans le carrousel d'antan
Tout endimanché.

Sur le plus beau j'ai placé
L'enfance aimée de mon âme,
Qui s'est laissé emporter
Par le miroir des années,
Quintessence du passé,
Et chevauchent sur la lame
Des réminiscences.

La musique du manège
S'insinue dans mon esprit
Et, comme cet équidé,
Paré d'atours élégants,
Me guide au-delà du temps,
Lorsque j'étais une enfant.

Les murmures des comptines
Dans le clair miroitement
De l'ambiance opaline
Bercent l'heure de l'émoi,
Rêveries, candeurs intimes.

Les chevaux du carrousel
Caracolent, caracolent,
Jusqu'aux abords du réel.
Le temps se fond, indolent,
En choyant l'air éternel
Qui se meut en sons vibrants
Tout nimbés d'éclats du ciel
Si surprenants.

Les chevaux endimanchés,
Ont laissé mon amazone
Au bord des heures oubliées,
Au bord d'un cœur monotone,
Mais qui maintenant entonne
Les refrains des vers aimés
Galopant dans mes pensées,
Quand les mots qui papillonnent
Laissent alors sur le papier
Les refrains des jours désuets.

Belles-de-nuit

Une fin de journée fébrile, sous l'orage
Menaçant août vieilli par tant d'heures notoires,
Nous nous promenions dans le cœur du village
Qui soupirait, songeur, dans l'haleine du soir.

J'admirais le pays qui courtisait la mer,
Ces couleurs de Toscane en camaïeux posés.
Et, soudain, un effluve aux notes surannées
S'insinua dans mon âme en un poison amer.

Je reconnus alors ces fleurs d'un temps passé,
Belles-de-nuit offertes aux passants insouciants,
Je revécus ainsi une émotion fanée :
L'ode de mes quinze ans, l'espace d'un instant.

Je fus vraiment troublée par ces réminiscences,
Ce parfum d'autrefois, subit, qui m'attira ;
Dans la chaude soirée d'un été d'abondance
J'ai humé ce songe qui soudain m'enivra.

Un souvenir

Le soleil dans l'azur éclatait d'un grand rire,
Dans la torpeur du jour poussiéreux et chauffé,
Célébrant la jeunesse et la douceur d'aimer.
C'était la sainte fête de Marie-Madeleine,
Et, dans l'après-midi radieux, la joie régnait
Parmi les gens venus pour goûter quelque peu
Tout l'éclat du midi aux confins de l'été.

Parois, il se penchait vers toi pour te parler
Et, au fil des instants tissés de voiles d'or,
De sourires et de joie, tu as su apprécier
Son langage badin, sa jeunesse épanouie,
Son amour de la vie qu'il a su ébaucher.

Resté auprès de toi, durant ces chaudes heures,
Il a su t'apprécier, alléger ta douleur,
Dans la sèche saison, un bonheur écourté,
T'offrant aussi l'humeur de ses belles années,
Son humour assidu, sa volubilité.

Il est parti ce jour, gagner la providence,
Reprendre le chemin d'une vie sans errance,
Te laissant pour toujours un souvenir doré
Tout paré de chaleur et de la nuit sans fond
De son regard profond sur son rire grinçant.

Des images confuses, peu à peu qui s'estompent,
D'un garçon chaleureux qui te parle de toi
Que tu as laissé fuir vers son pays, si loin,
Sans connaître sa vie ni l'écho de son nom.

Éclat de bonheur

L'air avait revêtu une lumière d'or,
Dans les fourrés touffus, un rossignol chantait
Offrant sa mélodie à mon cœur imparfait
Et un souffle de paix qui coulait dans mon corps.

Je contemplais l'enfant qui courait sans effort
Et savourait la vie en riant dans le pré,
Sous le soleil ardent qui caressait l'été
Venu soudain chasser le printemps qui s'endort.

L'enfant dans ses six ans chantait un air candide
Et jouait à l'orée de la forêt splendide
Évoquant le bonheur et le désir d'aimer.

Tant de félicité dans l'instant éphémère
S'est insinué en moi comme un fleuve limpide
Et a su apaiser mon tourment familier.

Ramage

L'oiseau pépiait sans fin, caché dans les branchages,
Répétant ce refrain qui saillait à mon âme :
« J'aime la paix ténue, qui, dans les frais herbages,
Éclaire les matins et apaise les hommes.

Viens rejoindre la source au-dessous des ramages,
Le bonheur impromptu n'attend pas les années
Qui fuient et lasseront la douceur de ton âge
Et tromperont ton cœur lorsqu'il sera blessé. »

J'écoutais cet appel sans oser approcher
Cette sérénité qui alors m'inspirait,
Captive du devoir et de la convenance.

Maintenant que les ans ont coulé sur ma vie
Je songe à l'aube claire imprégnée d'espérance
Pour répondre à l'appel de ces lueurs d'enfance.

La fontaine

Sur la place du village,
Sous les grands platanes bleus,
La fontaine à l'eau de perles,
La fraîcheur au goût d'été,
La fraîcheur au goût de paix
Et la sérénité
Du temps pour un temps suspendu.

Au loin la torpeur du jour
Azuré et vert-de-gris.
On entend poindre les sons
Des voitures à cheval,
Des gens venus d'autrefois,
Sur la place désertée,
À l'orée de la cité
Et du monde urbanisé.
Une claire parenthèse
Dans le temps désabusé.

Le temps des verts délices

Comme au détour d'un rêve, d'un monde radieux,
Les yeux encore emplis de tant de verts délices,
Pour toujours éblouis par l'éclat de ces lieux
Au charme foisonnant, perdus sous les auspices
D'un ciel abandonné au détour des beaux jours.

Loin de cette contrée et l'esprit alangui,
Sous un soleil perdu, cherchant un paradis,
Je songe à ce lointain dans la ville assoupie,
Et rêve de verdure où murmurent les eaux.

Je vis dans un caveau donnant sur un balcon,
Qui surplombe la rue et la vie des voitures,
Avec un goût amer de sel et de goudron,
Quand le regard absent se perd dans l'air impur
Et plonge tristement dans l'horizon brumeux,
Où la mer, en pleurant, tel un miroir, s'étire
Dans le soir fatigué et lourd des fins d'été,
Avec les bruits marqués d'un monde urbanisé,
Si fier de son empire.

Et toujours se déploient mes pensées éperdues
Vers cet éden offert aux hommes de la terre
Mais qui ignorent, hélas, le temps des verts délices !

À ma forêt meurtrie

J'aimais tant m'assoupir sous la tendre ramée,
Quand alors je rêvais en goûtant le silence
De ces lieux embaumés où la vie a tramé
Les délices ténus des foliations intenses.

Mais le temps a passé et la belle forêt,
Bordée de prés fleuris et d'amènes présences,
En son flanc a subi blessures et rejet
Par de cupides gens, pourvoyeurs de sentences.

Les bosquets ont laissé une place livide
Aux rangées de maisons dont le jardin est vide,
Avec, pour ornement, des lauriers qui s'ennuient.

Adieu chemins amis, étangs, fourrés, enclos,
Pourfendus, détrônés par des squares bien clos
Et de tristes allées goudronnées et sans vie.

Évanescence

Le chant des fleurs fanées

Le langoureux été soupire de chaleur,
Les graminées dorées valsent dans l'air désuet,
Mollement agitées par des accords défaits,
Romances oubliées et poussières des heures,

Quand le pré nonchalant déploie tous ses attraits.
L'enfant soudain s'unit aux danses surannées
Des graminées ternies ravissant l'or du ciel,
Ces rayons platinés aux effluves de miel

Glissant sur les herbages et les foins parfumés.
Piétinant l'herbe folle et le sol poussiéreux,
Ramassant en passant les restes disgracieux
Des fleurs abandonnées au charme défraîchi,

L'enfant fredonne l'air des feuillages meurtris,
Se mouvant dans ces lieux, insouciant et heureux,
Sans songer qu'il sera amoindri et lassé,
Un jour, comme ces fleurs et ces gerbes fanées.

Par l'horizon

Par l'horizon doré sur l'écho des campagnes,
Son chant renaît encore en mon cœur attristé
Et à travers les bois, au refus des montagnes,
Son douloureux silence inonde mes pensées.

Vers le soleil couchant, par-delà les nuées,
Son âme vagabonde, étrange et silencieuse,
Par-dessus les étangs, les lacs, les océans,
J'entends toujours sa voix sur l'onde langoureuse.

Vers le haut firmament où naissent les étoiles
Mes pensées se dispersent en un cri qui s'étiole,
Son esprit se déploie sous une lune pâle,
Ô, mélodieuse amie de mes songes profonds.

Il est partout présent et pourtant si lointain !
Sa vie, ses sentiments et son monde incertain.
Apaise, ô douce nuit, ma tristesse inféconde
Que la profonde nuit intensifie soudain.

Absence

Dehors le vent souffle et se lamente
Dans l'été en pleurs.
Il vient évoquer ton absence,
Ce vide que la nature alentour fait ressentir si fort,
Parmi ces couleurs changeantes du ciel,
Ces lueurs roses sur les rochers,
Là où le minéral se lie aux cieux du soir.
Mais tu es si loin,
Tu ne peux partager ces sentiments,
Tu n'éprouves pas ce qu'aujourd'hui je vis,
Qui est aussi puissant que la force de l'air,
Ravivant dans l'été des visions de l'automne,
Perdues comme mon cœur et ma vie,
Comme le temps qui passe et qui oublie
Et qui efface les souvenirs,
Au fond de quelque brume
Qui nous perd un peu plus chaque jour.

Chanson des jours d'automne

J'ai dans le cœur une chanson,
Une chanson qui dit je t'aime.
Et quand l'automne triste et gris
Laisse des larmes incertaines,
Quand les arbres sont incendiés
Et parés de tout l'or perdu
Du soleil déjà résigné,
Je fredonne cette chanson,
Cette chanson qui dit je t'aime.
C'est le grand vent des jours fanés,
C'est la pluie qui frappe aux carreaux,
C'est le temps alors monotone,
Mais dans mon cœur un astre luit,
Comme brille l'éclat des feuilles,
De branche en branche dans l'espace,
Car dans ce cœur vibrent les notes
D'une chanson qui dit je t'aime.
Et cette chanson automnale
Puisée dans l'humeur vagabonde
De la nature malmenée
Je te l'offre avec émotion.

Ce sont ces sons et cet air-là
Qui chantent dans le vent perdu
Qui chantent avec des mots ténus
Et qui soufflent par tous les temps :
Tout ce que j'ai, je te le donne
Tu as ravi mon cœur fantasque
C'est pourquoi je t'offre ces airs
Qui ne résonnent que pour toi.

Amour perdu

Brume claire de lune, lumière enchanteresse
Du soir silencieux et de l'amour défunt,
Si froid et découpé, sous la voûte étoilée
Où pleurent les diamants, les sillages lactés.

Le berceau de la nuit et l'hiver dans mon cœur,
Ô lune, triste amie, témoin de ma douleur,
Lanterne des ténèbres et des beautés célestes
Tu règnes, sibylline, au cœur de l'empyrée.

Devant moi le profil des arbres noirs et gris,
La montagne éclairée, qui souffle des secrets,
Dans l'air piquant du soir plein de mélancolie.

L'esquisse de l'amour disparu à jamais
Au fond du temps passé qui ne reviendra plus
Et qui gémit encore, de regret en regret.

Narcisse charmant

Il était un jour un garçon charmant,
Qui berçait ton cœur de mots souriants,
Qui jouait souvent avec ton amour
Et qui promettait de toujours aimer,
Ton petit être farouche
Mais qu'il ne voulait pas voir
Si effarouché
Et qu'il feignait de croire,
Quand il était indigné.

Un soir dépité d'une fin d'été,
Tout sonnant de vide et de désespoir,
Il a pour toujours détruit le miroir
Qu'il laissait souvent miroiter en vain
Au-devant de toi et de ton destin,
Un miroir trompeur, fait de mots flatteurs,
D'éclats tout fanés et de beaux mirages.

La psyché brisée, tu as découvert
Un dépouillement de vrais sentiments,
Un être confus qui ne savait pas
Le vrai sens d'aimer et de pardonner,
Le vrai sens d'aimer et de respecter
Son gracieux amour, son amour sans fin,
Plus doux que la vie, plus ténu aussi.

C'est un cœur perclus, un esprit confus
Qui ne sait comment adoucir sa vie,
Désirant jouer au prince charmant
Pour calmer les maux avec d'autres mots,
Des desseins dorés qu'il ne sut jamais
Vraiment entreprendre.
Ami de Narcisse, il aime flatter
Avec des refrains, des airs rabâchés,
Auxquels on croyait, dont on s'est lassé.

Le fil
des maux

Enfant du bout du monde

Je songe à toi petit enfant,
Toi qui demeures au bout du monde
Toi dont le cœur joue tristement.
Dans la pauvreté inféconde.

Quand le soleil dans son étreinte
Accueille ton pesant ouvrage
Déjà, tu ploies sous la contrainte,
Débordant d'un si grand courage.

Et au soir gris, tu t'assoupis
Et tu espères dans ton cœur
Voir arriver des jours meilleurs,
Rêve à jamais inassouvi.

La fenêtre

La fenêtre ouverte
Il souffle en rêvant
Sa douleur muette
Se meut en un chant.

La fenêtre ouverte
De l'hôpital blanc
Attire l'enfant
Qui veut s'échapper
Voir l'autre pays,
Celui de l'enfance
Qu'il connaît si peu.

Il pose ses yeux
Sur l'effroi des murs,
Parfois décorés
Pour donner espoir
Aux êtres éplorés
Pleurant en silence
Dans l'air essoufflé.

La fenêtre ouverte
Il sourit pourtant
Quand on lui raconte
Des contes plaisants
Son regard s'enfuit
Au-delà du temps
Pour enfin rejoindre
Les joies des enfants.

Dans les banlieues d'automne

Les vieux aux gestes calmes,
Dans les banlieues d'automne,
Sous les jaunes platanes,
Sur les bancs, dans leur âme,
Écoutent, l'air atone,
Des sons qui les étonnent.

Pour eux, le vent murmure
Des chants d'un autre temps,
Comme un air de printemps
Vibrant sous la ramure.

Dans le vent, ils conversent
De leur cœur maladroit,
Toujours un peu plus froid.
Et le regard humide,
Ils sourient aux enfants,
Tout en dodelinant.

Délaissés, las et ternes,
Ils s'ont vont d'un pas lent.
Sur les vides bancs blancs,
Leur vie ayant un terme,
Les feuilles, mollement,
Vont en tourbillonnant.

Au fond des solitudes
Les vieux retournent enfin.
Leur mémoire s'éteint.

Dans leurs tiroirs grinçants,
Emplis de souvenirs,
Tout ce qui va ternir,
Et des odeurs fanées,
D'un univers désuet,
Des dizaines d'années,
Sont prisonniers des morts,
Qui étaient hier encore.

Le vieux monsieur
de l'hôpital

Dans l'hôpital blafard où les mornes couloirs
Aux murs blanchis et las pleurent de désespoir,
Il va avec son ombre aux allures si hâves
En souffrant doucement comme souffrent les braves.

Il tâtonne, incertain, vers sa chambre sinistre,
Que les lueurs grisées de la rue agitée
Enveloppent alors d'une sombre clarté
Et rejoint dans son lit son univers si triste.

Et il attend en vain la visite des siens
Mais le soir sépulcral lui annonce soudain
Que le jour est bien mort et que le ciel est noir,
Et que personne ici ne viendra le revoir.

Au matin sans relief il a quitté ces lieux,
Laissant au fond des draps l'odeur des souvenirs
Flétris par tant d'années et par tant de soupirs,
Délaissé par les siens et sans aucun adieu.

Quelqu'un a bien voulu recouvrir son vieux corps
D'un drap blanc sans apprêt, en coton éthéré,
Déposer dans la morgue, univers sans décor,
L'homme qui espérait le retour des enfants.

Ce repos éternel a délié ses souffrances,
Qui lui brisaient le cœur et le corps et l'esprit,
Et qu'il espérait tant au fond de ses silences
Suppliant alors Dieu d'écourter son sursis.

Aux âmes des jeunes défunts

Ghislain dans ses seize ans a quitté cette vie
Lors d'un drame sordide accompli par son père,
Dans un infanticide, alors que l'on espère
Un avenir heureux et un âge accompli.

Olivia, a seize ans, pour qui j'offre ces vers,
S'en est allée aussi vers un monde inconnu
En laissant ses parents meurtris à tout jamais
Qui pleurent leur enfant arraché de leur vie.

M'entendez-vous d'ici, âmes pour qui je prie,
Que je connais si peu, mais qui me sont si chères,
Que de prénoms ternis par le temps qui s'altère :
Stéphane et William, Ghislain et Noémie…

À Dieu…

La prière

Sous les hautes voûtes séculaires
Monte le chant des religieux
Comme la fumée de l'encens
Vers Dieu.
La pureté des sons offerts,
La grandeur, la beauté, la paix.
L'heure est à la prière,
Le temps appartient à Dieu
Et aux hommes de bonne volonté.
Sous les hautes voûtes séculaires,
Le chant des religieux
Épuré et profond,
Atteint l'âme et le cœur,
Les élève et les guide
Vers le Dieu trinitaire.

Nuits de décembre

L'Avent réchauffe mon cœur mélancolique,
Je sens une lumière qui grandit
C'est le bonheur de Joseph et Marie.
C'est leur amour qui m'affermit,
M'offre la force et le courage
Dans les tempêtes de la vie,
Dans les tempêtes de l'hiver,
Qui vient,
Dans les ennuis des longues nuits.

Adieu

Ne plus sentir, mon Dieu, dans les matins d'opale,
Tout nimbés de rosée,
La douceur de l'hiver qui s'enfuit.
Ne plus croiser le vol des oiseaux éperdus
Au-dessus des forêts, des champs et de l'amour.
Ne plus goûter l'air vif, aux gouttes suspendues,
La couleur de la vie, ni la beauté subtile
Du printemps qui s'annonce au bout de l'horizon,
Ni tout l'éclat des fleurs au calice embaumé,
Aux corolles légères, au vent qui les appelle.
D'équinoxes exaltés dans les nuées opaques,
Aux solstices d'été, vibrants dans l'air tiédi,
Un univers soyeux, coloré et serein,
Que je ne verrai plus, Seigneur, toute une vie
Qui s'en remet à Vous et à votre bonté,
Qui a aimé la terre que vous avez créée,
Qui a aimé la vie et la belle nature,
Les arbres, les forêts, au printemps l'herbe tendre,
Les nuages pastel, les cieux des soirs d'automne,
La lune et l'azur,
L'écume qui s'échoue sur les rochers sans nom,
Les sentiers embaumés d'un paradis terrestre,
Le murmure du vent dans les roseaux cachés,
L'automne et l'hiver, le printemps et l'été.

Ne plus revoir le ciel

Ne plus revoir le ciel onirique et changeant,
Ni respire l'air doux,
Ni écouter ces chants
Et ces voix cristallines.
Ne plus apercevoir les nuages rosés
À l'aube du printemps,
Aux couchants de l'été,
Aux soirées automnales.
Et ne plus savourer la douceur de rêver
Sous les vieux peupliers ou sous les saules blancs
Au gracile feuillage,
Ni braver les frimas des journées hivernales.
Ne plus sentir frémir mon cœur à l'unisson,
Ne plus jamais rêver, ni lire, ni chanter.
Au terme de la vie, quand l'heure sonnera,
Dieu me demandera de laisser tout cela,
La vie si douloureuse et si douce parfois,
Mère de ces instants
Qui couleront encore, au rythme des saisons.

Laisser un jour, mon Dieu,
Ces lieux qui m'ont vu naître,
Et aspirer bien plus, désir d'éternité.

Et si parfois je crains de devoir regretter
Cette vie ici-bas et ce monde créé,
Aujourd'hui Tu m'apprends à devoir tout quitter
Le jour où Tu voudras m'appeler près de Toi.
Contempler pour toujours ta Face et ton Amour,
Telle est mon espérance lorsque coule le jour.

Retiens-moi près de Toi

Je revis cet amour que j'avais délaissé
Pour me perdre souvent dans la fade torpeur
Des attraits de ce monde à l'éclat fallacieux
Mais qui au fond de moi accentuaient ma peur.

Loin de Toi j'ai erré, mais Ton cœur était là
Dans le mien fatigué où vibrait une flamme
Tel un enfant gâté qui néglige son âme
J'ai su désobéir sans me soucier de Toi.

Je n'écoutais alors que l'ivresse éphémère
Des amours trop humains qui laissent des blessures.
Je sentais cependant que Toi, Tu m'attendais
Mais je ne savais plus atteindre cette eau pure

Jaillissant de Ton cœur où l'amour est vivant.
J'ai trébuché souvent en m'éloignant ainsi.
Dans ton Être parfait infini et puissant
J'ai puisé cette ardeur qui s'appelle la Vie.

Ainsi dans ta bonté Tu m'as donc relevée.
Désormais, Tu es là et Tu guides mes pas
Sur le Chemin radieux qui me conduit vers Toi,
Ô douce vérité qui jalonne ma route.

Jésus ne permets plus que je m'éloigne encore
Si loin de ta présence. Retiens-moi près de Toi.

Note importante

Si vous avez apprécié ces poèmes, je vous invite à laisser une évaluation sur le site d'Amazon, même si vous n'avez pas acheté ce livre chez eux. Vous contribuerez ainsi à la promotion de mon recueil.

Je vous remercie pour votre geste et pour votre fidélité.

Du même auteur

L'incroyable échappée de Sylvia
nouvelle fantastique.

Flora de la forêt
roman.

**Retrouvez-moi sur mon site :
www.isabelle-gimbault.fr**

ISBN : 978-2-9560275-0-8
Dépôt légal : juin 201

www.ingramcontent.com/pod-product-compliance
Lightning Source LLC
LaVergne TN
LVHW092021190726
843493LV00002B/530